Otto von Schorn

Die Kunsterzeugnisse aus Thon und Glas

Eine Übersicht ihrer technischen und künstlerischen Entwicklung vom

frühen Mittelalter bis zur Gegenwart

Otto von Schorn

Die Kunsterzeugnisse aus Thon und Glas
Eine Übersicht ihrer technischen und künstlerischen Entwicklung vom frühen Mittelalter bis zur Gegenwart

ISBN/EAN: 9783743390096

Hergestellt in Europa, USA, Kanada, Australien, Japan

Cover: Foto ©Andreas Hilbeck / pixelio.de

Weitere Bücher finden Sie auf **www.hansebooks.com**

DEM ANDENKEN

ANTON SPRINGERS

DER MICH ZUERST IN DAS STUDIUM
DÜRERS EINFÜHRTE

WIEN, SEPTEMBER 1904.

DIE ZEIT, IN DER ein Künstler lebt, ist gleichsam die große Vorratskammer, aus der er das Brot nimmt, das ihm zur Ewigkeitsspeise wird. Wer niemals mit Mut und Begierde ein heißes Kind seiner Zeit war, dem fehlt gleichsam die Blut- und Lebenswärme, mit der er in der mörderischen Eisesluft der Ewigkeit sich behaupten kann. Ob mit der Zeit oder gegen die Zeit, nur wirklich gelebt haben muß, wer über seine Zeit hinaus lebendig bleiben will.

Dürer war solch ein wirklich Lebendiger — darum hat er für uns heute schon vielfach etwas Zeitloses gewonnen, und wir können sub specie aeternitatis an ihn herantreten. Er hat gemeingültige Werke geschaffen. Aber in heißem Ringen hat er sie der Zeit entreißen müssen. Er

war ein echtes Kind seiner Epoche. Niemand kann seinem Namen entrinnen, der als ein Nachgeborener die Geschichte des deutschen Volkes in seinem leidvoll-starken Ringen um eine Reformation des wahren Christentums und um die Wiedergeburt eines nicht immer christlichen Humanismus geistig an sich neuerfahren und durchleben will. Und ebenso wird, wer dem Schaffen Dürers mit fühlender Versenkung spähend nachgeht, das ganze Zeitalter in ihm lebendig fühlen, und er wird jene Menschen, die mit starkem Glauben und entflammtem Willen so Hohes von der Zukunft forderten, geistgewappnet aus ihren Gräbern erstehen sehen und aufs neue ihre Schlachtrufe anstimmen hören.

Wie ein Riese im Nebel steht Luther da, zwar ein wenig fern gerückt, doch alles beherrschend. Eine Flamme und ein Sprühen gehen von ihm aus, davon auch Dürer gestreift wird. Zum Dank für das Gnadenbrot empfangener Seelenspende läßt er dem „löblichen Doktor Martinus" mit inniger Herzenseinfalt das entbieten, was er als Künstler zu geben hat: er will ihn „fleißig abconterfeien und in Kupfer stechen" — wozu es dann leider nicht gekommen ist. Schon näher gerückt erscheint unserem Meister Melanchthon. Der kam zu wiederholten Malen Dürer in Nürnberg besuchen, hat nächtelang freundschaftlich mit ihm diskuriert, und wurde dafür in der ganzen ehrenhaften Liebenswürdigkeit seiner geistig bewegten Persönlichkeit vom Künstler in Kupferstich festgehalten. Und Eobanus Hesse, der Dichter, tritt nahe; in einer köstlichen Silberstiftzeichnung ist uns sein Bild mit den germanisch edlen, zugleich witz- und zornsprühenden Zügen treulich bewahrt. Natürlich fehlt auch er nicht, der das weithin angestaunte Wissenskompendium seiner Zeit war, der feine, graziöse Spötter und sensible Gelehrte Erasmus von Rotterdam, der still und vornehm, nur gleichsam leicht mit dem Auge zwinkernd, an uns vorübergleitet. Ein wenig von oben her, wenn auch nicht ohne Ehrerbietung hat er zu Dürer gesprochen, der ihn mit ebensoviel Aufrichtigkeit als Pietät seiner Kunst unterwarf. Dann aber stürmt und schnauft einer daher, einer, der sich leicht ärgert, doch auch wieder toll und übermütig sich ausgibt, ein Lebemann und Lebenskünstler, dabei ein eleganter und tiefbelesener Humanist, der Nürnberger Ratsherr und Staatsmann Wilibald Pirkheimer, Dürers vertrauter und geschätzter Freund. Der war gleichsam im Leben unseres Künstlers Schutzpatron, empfing aber dafür nicht bloß Ehrerbietung, sondern auch manch schalkhafte Spötterei zurück, die er gutmütig brummend dahinnahm. In Zeichnungen und im Kupferstich hat Dürer den erlauchten Freund in all seiner Würdigkeit, Üppigkeit und Kollerigkeit uns zum Greifen lebendig gemacht. Und so kommen noch manche andere Nürnberger Notabilitäten zum Vorschein, die Celtes und Schedel, die Paumgärtner und Varnbüler, die Muffel und Holzschuher — lauter schwere, gewichtige Leute, die in der Stadt und im Reich ein Wort mitzureden hatten, und die den Meister zu ehren wußten, der die Mehrzahl von ihnen in berühmt gewordenen Gemälden oder Holzschnitten verewigt hat. Dürer war und galt als einer der Ihrigen, der mit ihnen daran arbeitete, die Geschicke des deutschen Volkes in seinem harten Kampfe um Wahrheit, Wohlstand und Freiheit zum Besseren zu lenken.

So konnten denn auch die Berührungen mit den oberen, ja den obersten Machthabern nicht fehlen. Und wenn der frostige, gekrönte Jüngling, der als Karl V. den kaum geliebten deut-

HIERONYMUS IM GEHÄUS
Kupferstich

schen Boden betrat, sein mageres Wohlwollen
nur aufs kühlste dahingab, so hatte dafür der im-
pulsive und ritterliche Kaiser Max für Dürer ein
wahrhaft offenes Herz und sogar einen (nach
Lage der Dinge) offenen Beutel. Maximilian lebt
für unsere Sinnesanschauung heute vor allem
durch Dürer weiter und ist dadurch für seine
kaiserliche Huld mehr als reichlich belohnt wor-
den. Insbesondere dort, wo er selber am wenigsten
tat: also wo er entweder still für Porträte saß
oder, wie bei der zeichnerischen Ausschmü-
ckung des berühmten Gebetbuches, der freien
Erfindsamkeit des Künstlers die Zügel schießen
ließ. Wo er jedoch, wie bei den weitschich-
tigen Holzschnittfolgen der „Ehrenpforte" und
des „Triumphwagens", durch seine Hofgelehr-
ten und Zeremonienmeister lange Programme
ausfertigen ließ und den mit halbem Herzen
festgehaltenen Künstler sozusagen als Chef einer
eigens errichteten Ruhmesfabrik beschäftigte, da
wird die preisende Nachrede der Nachwelt lauer:
denn wir können uns nicht verhehlen, daß durch
solcherlei Beschäftigung die wahre Entwicklung
des Künstlers — wie das des Hofes so der
Brauch ist — mehr gehemmt als gefördert wurde.

So war Dürer in seiner Zeit ein geehrter Meister und getreuer Kamerad, der die Schicksale und Kämpfe der Allgemeinheit redlich teilte. Er lebte in Deutschlands betriebsamster und angesehenster Stadt und hatte darin sein Auskommen. Nicht eben glänzend — denn an bemerkenswerten Lokalaufträgen fehlte es ganz — aber doch völlig frei von dem moralischen und materiellen Elend, das etwa an Rembrandts Lebenskräften tückisch zehrte. Dürer war stolz auf seine Vaterstadt, in der er die größte Zeit seines zwischen 1471 und 1528 dahingehenden Lebens verbrachte. Doch da er kein Ofenhocker und Kirchturmanstarrer war, so hat er auch außerhalb seiner Vaterstadt ein gut Stück Welt und Leute kennen gelernt. Zuerst zog er in seiner Jugend hinaus und blieb vier Jahre lang (von 1490 bis 1494) draußen, kam dann heim und verehelichte sich. Während dieser Gesellenwanderzeit zog er im südlichen Deutschland herum, arbeitete unter anderem in Colmar und in Basel und geriet (wofür Entscheidendes spricht) auf dem Weg über Welschtirol auch nach Oberitalien, und zuletzt nach Venedig. Die flüchtigen Eindrücke, die er damals in der Lagunenstadt gewann, konnte er, elf bis zwölf Jahre später, bedeutsam vertiefen, indem er um 1506/7 über ein Jahr lang, schon als ein Durchgedrungener, im Venezianischen hauste. Sowohl Anerkennung als Neid hat er damals wacker dahingenommen, und künstlerisch hat er sich bedeutend erfrischt und bereichert. Das letzte Mal zog er im Sommer 1520 aus, ging durch die Rheingegend in die Niederlande, lernte vor allen Dingen Antwerpen, dann auch Brüssel, Gent, Brügge, Aachen, Köln und andere Städte kennen, als allseitig gefeierter, stets emsig zeichnender Meister, und verbrachte so nochmals ein volles Jahr außerhalb, das an Eindrücken und Anregungen reich war.

Sieben Jahre schuf er dann noch daheim, im Vaterland und im Ausland als erster deutscher Meister gepriesen.

Wie als Mensch, so redet Dürer auch als Künstler die unverfälschte Sprache seines Zeitalters. Aber diese Mundart und Handschrift dünken uns kaum mehr fremdartig, wenn wir uns nur ein wenig in sie hineingelebt haben. Wir müssen nur den obersten Staub wegblasen, dann gewahren wir alsbald das sanfte Glühen des unvergänglichen Kerns.

Man rühmt Dürer als deutschen Meister. Und gewiß ist er dieses vor allem anderen. Deutsch ist sein Auge, deutsch seine Hand, und deutsch ist sein Hirn und sein Herz. Daß Magyarenblut in seinen Adern geflossen sein soll, wie jenseit der Leitha gerne behauptet wird, erscheint gänzlich unglaubwürdig. Wenn sein Vater aus Ungarn kam, so gewiß aus einer deutschen Siedelung. Und solch eine ist, weit versprengt in fremdes Land, doppelt trotzig und zäh in Festhaltung des Ererbten. So sind vielleicht gerade darum in Dürer die deutschen Instinkte aufs reinste und vollkommenste ausgebildet gewesen.

Zum echten Deutschen gehört auch eine gute Portion Sehnsucht nach dem Süden. Und gerade als Dürer lebte, war die Zeit wieder einmal reif geworden, wo der Süden, in Gestalt der italienischen Kunst, Macht gewinnen sollte über die deutsche Seele. Es ist vielleicht das Bewunderungswürdigste bei Dürer, wie er

ECCE HOMO
(Aus der Kupferstich-Passion)

diese Macht tief und stark zu spüren vermochte und, ohne sich ihr zu entziehen, dennoch unerschüttert deutsch blieb, im innersten Kern sowohl wie auch in sehr vielen Zufälligkeiten der Rassegewöhnung.

So malt sich uns denn ein zweiter großer Hintergrund hin, auf dem wir die Gestalt dieses Meisters erblicken: die deutsche Kunst im Übergang vom fünfzehnten zum sechzehnten Jahrhundert.

Zunächst muß man wohl sagen: die nürnbergische Kunst. Aber bald erscheint uns dieses sowohl zu eng als auch zu weit. Die nürnbergische Kunst jener Zeit war vor allem Bildhauerkunst. Adam Krafft, Veit Stoss, Peter Vischer sind die Namen, die hier ihrer Vaterstadt den größten Glanz verliehen. An diese Reihe schließt Dürer sich nicht an. Er hat so gut wie gar keine plastischen Neigungen. Er war in allererster Linie Zeichner, sodann Kupferstecher und Maler, schließlich auch noch Kunsttheoretiker. So bestimmt seinen realen Ausgangspunkt ein weit bescheidenerer Meister als jene drei Großen, nämlich Michael Wolgemut, der Holzschneider und Maler, der neben Dürers

Vater, der Goldschmied war, die ersten Kunstschritte des jungen Albrecht leitete. Doch über Vater sowohl als Lehrer wuchs Dürer fast stürmisch hinaus. Wolgemut war ein biederer und zartsinniger Handwerksmeister, der freudig und ehrlich die neue Kunst des Malens, wie sie zuerst in den Niederlanden und am Rhein, dann in Oberdeutschland und Schwaben eine köstliche Blütezeit hervorrief, in sich aufnahm und in Nürnberg mit eigenen Mitteln bodenständig machte. Eine starke individuelle Eigenart besaß er nicht; doch wird, wer ihn näher kennen lernt, soviel Liebenswürdigkeit und Feines und solch eine unbedingte künstlerische Ehrlichkeit bei ihm gewahr, daß er die Ehrerbietung völlig begreift, die sein großer Schüler ihm bis ins hohe Greisenalter entgegenbrachte.

Mehr als Wolgemut hat Schongauer auf Dürer gewirkt — schon, weil er die bei weitem stärkere Künstlerpersönlichkeit war, die positive Elemente des Fortschrittes in sich barg. Schongauer war es, der dem deutschen Kupferstich eine eigene Physiognomie gab, indem er den großen Bewegungs- und Ausdrucksreichtum dieser Technik erkannte und zum Vor-

schein brachte. Soviel reizende Einzelheiten die
Meister E. S. und P. W. oder Franz von Bocholt
und Israhel von Meckenem auch aufweisen, so
rührend ihr eifriges Suchen nach leiser Vermenschlichung uns anmutet, erst durch Schongauer wurden die Schalen durchbrochen, und
der Kupferstich der ihm innewohnenden Kraft
sich bewußt. Und da ist es nun wieder bezeichnend, daß Dürer schon als ganz junger
Mensch das gespürt hat, und daß er nach Colmar wanderte, um des Meisters Schüler zu werden. Er fand, den er suchte, nicht mehr unter
den Lebenden. Trotzdem hat Schongauer keinen
intimeren Schüler besessen als Dürer. Dieser
hat seinen Vorgänger ganz in sich aufgenommen, die Technik und den Geist, und die reiche
Mannigfaltigkeit der Verwendung, und er hat
das letzte Restchen von hieratischer Starre,
das sich bei Schongauer vorzugsweise in den
knöchernen Fingern und asketisch-dürren Armen noch verrät, mit kühnem Mute von sich ab-
gesprengt. Er gab dann dem Kupferstich eine
noch weit größere Wucht, Sattheit und Tiefe und
ging entschlossen weiter auf der Bahn einer
blutwarmen Vermenschlichung. Vergleicht man

etwa Schongauers „Madonna im Hof" mit Dürers „Madonna an der Mauer", zwei dem Motiv nach eng verwandte Darstellungen, so wird man des ungeheuren Unterschiedes sich bewußt. Dürers Maria ist ganz Weib, ganz Mutter, ganz Volksnatur, und gar nichts Menschliches ist ihr fremd. Bei Schongauer sitzt ein schmales, vergeistigtes Jüngferchen, mit einem dünnen Heiligenschein um den Kopf, ohne Berührung mit der materiellen Wirklichkeit da, und das Kindel, das sie steif im Schoß hält, sieht aus, als sei es eben vom Himmel gefallen.

Wie Wolgemut und Schongauer als Vorläufer, so stehen Cranach und Holbein als zeitgenössische Rivalen neben Dürer. Cranach war etwa gleichaltrig, hat jedoch Dürer beträchtlich überlebt (1472—1553). Indes hat ihm sein langes Erdendasein keineswegs ein Übergewicht verschafft. Cranachs Arbeit hat, was bei Dürer gänzlich fehlt, gar manchmal den Stempel des Fabrikmäßigen. Er war ein großer malender Kaufherr mit solider Ware und mit ausgezeichneten Verbindungen. Auf „Seele" legte er nicht allzuviel Ge-

Handzeichnung. *Berliner Kupferstichkabinett.*

RUHE AUF DER FLUCHT.

wicht; wo er sie in stärkerem Maße zeigt, wie auf der entzückenden Berliner „Ruhe in Ägypten", steht er Dürer mindestens sehr nahe. Sonst hat er eher etwas Kaltes, geschäftsmäßig Routiniertes, und in seine bieder-altertümliche Naivetät mischt sich mitunter ein fataler Zug von primitiver Verdorbenheit. Ich denke dabei weniger an seine Zotenbildlein, die als Spezialität für sich ruhig gelten mögen; mehr an simple Porträtdarstellungen, wie die drei Damen im Wiener Hofmuseum, deren lüstern-abgefeimte Gesichter fast etwas Erschreckendes haben und bei Dürer ganz undenkbar wären.

Ein gewaltigerer Konkurrent ist jedenfalls der jüngere Holbein (1497—1543), mag er auch nur für das Porträt in Betracht kommen. Aber hier ist er ein wahrer König und für die Folge-Zeit ein bedeutsamer Bahnbrecher. Doch glaube ich nicht, daß man Grund hat, Dürer auf diesem Gebiet hinter Holbein zurückzustellen. Gewiß ist Holbein der Abgeklärtere. Er verleiht seinen Geschöpfen den Schimmer eines höheren Seins, ohne sie darum der Erde zu entfremden. Sie haben gleichsam alle irdischen Stürme überwunden und stehen mit einer Gelassenheit da, als könne ihnen niemand etwas anhaben. All ihr Zufälliges, Kleinliches, Vergängliches haben sie abgestreift und sind, mitten im Leben, von einem Ewigkeitshauch umweht. Wer sie auch sein mögen, sie atmen eine Größe, vor der man glaubt sich beugen zu müssen.

Ganz anders Dürer. Dieser Meister hat nie einen Menschen gemalt, dem man es nicht ansähe, daß er tief hat leiden und ringen müssen. Jemandem die leichte Triumphatormiene zu geben oder auch nur den gesättigten Ausdruck wohlanständigen Behagens, war ihm verwehrt. Wo er etwa darnach strebt, wie auf dem berühmten Münchener Selbstporträt, schleicht sich leicht etwas Starres, Konstruiertes, etwas allzu Bewußtes ein. Groß aber ist er, und vielleicht nur von Rembrandt erreicht, im Ausdruck der Kämpfernatur des Menschen. Das Vulkanische höchst streitbarer Naturen wie des Holzschuher oder des sog. Hans Imhof in Madrid gelingt ihm in außerordentlichem Maße und geht auch in seine Idealtypen über, wie vor allem in den Apostel Paulus der Münchener Pinakothek. Dann hat er das Nachdenkliche, Versonnene, Bekümmerte vorzüglich auszudrücken verstanden; und selbst, wo er repräsentativ wird, wie auf dem Wiener Maximilian-Bilde, ist ein gewisses Vibrieren des Seelischen, wie ein unbewußtes Erinnern an Leiden und Kämpfe, spürbar. Auch hier ist Dürer der „Menschlichste" unter unseren großen Künstlern der alten Zeit.

Wenn er aber im ganzen Habitus seiner Bilder, Zeichnungen und Stiche mitunter jenen undefinierbaren Zug des Klassischen hat, den man bei keinem deutschen Zeitgenossen, Holbein ausgenommen, findet, so ist dieses wohl auf die zeitige Berührung mit italienischer Kunst zurückzuführen. Früh schon hat er nach italienischen Stichen (Mantegna, Pollajuolo) gearbeitet; hat auch dem Lorenzo di Credi gelegentlich ein Christkindlein und dem Perugino gewisse Fußstellungen entnommen. Mit Raffael tauschte er Zeichnungen aus, und durch Jacopo de Barbari wurde er zeitig auf Lionardo hingeführt. Daß er sodann besonders in architektonischen Hintergründen stark von italienischer Renaissance beeinflußt war, ist allgemein bekannt. Gewiß kamen aber auch die rein menschlichen Eindrücke der italienischen Natur und des italienischen Lebens als kräftige Anreger hinzu. Alles dieses hat Dürer in sich aufgenommen, oft mit einem wahren Heißhunger, und dann hat er es stark und ruhig mit seinem eigenen Wesen verschmolzen. Was davon blieb, war ein gewisses Etwas, das sich nicht ausdrücken läßt, ein Zug des Erlauchten, Hoheitsvollen und Mächtigen, den er nur schwer seiner deutschen Natur abrang, die von Haus aus das Krause und mittelalterlich Verschnörkelte liebte. Aber je tiefer er sich mit den geläuterten Schaffensprinzipien der italienischen Kunst durchdrang, desto vollständiger wurden sie sein eigen und weckten einen schöpferischen Instinkt in ihm, von dem er in seiner Jugend sich kaum etwas hätte träumen lassen.

Nunmehr soll uns nichts mehr abhalten, vom Zufällig-Zeitlichen in Dürer abzusehen und nur sein Dauerndes ins Auge zu fassen: die Offenbarung seiner eigenen gesteigerten Menschlichkeit durch die Kunst.

Da sind es zwei Charakterzüge, die sich in kontrastierender Weise dem Beschauer zuerst aufdrängen: ein bis zu ausschweifender Phantastik sich steigernder Reichtum an erfinderischer Einbildungskraft und ein geradezu ungehemmter, vor keiner Folgerung zurückschreckender Wahrheitsdrang. Bei Böcklin etwa haben wir in unseren Tagen etwas Ähnliches beobachten können; doch war es bei Dürer noch ausgeprägter und mächtiger. Hier das Gleichgewicht sich zu erobern, war gleichsam das künstlerische Hauptproblem seines Lebens.

In Dürers Phantasie steckte, bevor sie sich edel und lieblich klärte, viel Graus des Mittelalters — wie bereits Goethe scheltend und klagend empfand. Aber aus diesem Graus blitzt und wetterleuchtet das Genie. Wir Heutigen haben nicht den Mut zum Schelten mehr, wir fühlen uns vielmehr von Bewunderung durchdrungen, wenn wir den jugendlich-brausenden Überschwall von Dürers apokalyptischen Visionen auf uns einstürmen lassen. Was in den Blockbüchern, alles in allem, doch noch ein mönchisch obskures Stammeln geblieben war, das wird in Dürers „Apokalypse" mit erstaunlicher Gewalt zu einem zwar abnormen und wilden, doch oft von hehrer Größe erfüllten Leben. Diese Einbildungskraft vermag auch das ausschweifendste Gehirnphantom des entrückten Visionärs in eine immerhin vorstellbare Erscheinungsform zu pressen. Sie schreckt nicht davor zurück, etwa den Engel mit den zwei flammenden Säulenfüßen zu bilden und ihm einen Wolkenleib zu geben, aus dem Haupt und Hände schreckhaft herausragen. Ein andermal zeichnet sie zwei Hände, die, vom Himmel herunterfahrend, dem Meer einen feuerspeienden Berg entreißen; oder sie stellt siebenköpfige Drachen und Löwenbestien, mit gekrönten Hörnern, vor uns hin. Sterne fallen wie ein Feuerregen vom Himmel herab und erschlagen die sündige Menschheit. Ein Weltbrand entsteht unter dem Geschmetter von sieben Posaunenengeln, und mit „wewehe" fährt ein Adler zur Erde nieder. Das Übersinnliche setzt hier der sinnlichen Vorstellungskraft keinerlei Schranken mehr. Welch gewaltige Himmelsvision: wie Johannes auf Wolken, erschauernd, vor Gott kniet, aus dessem Munde ein Schwert fährt, und um dessen ausgestreckte Rechte die Sterne

A. DÜRER

DIE SIEBEN LEUCHTER AUS DER „APOKALYPSE"

zucken, während sieben mystische Leuchter, gleich geheimnisvollen Ehrenwächter, stumm und furchterregend, umherstehen! Mir scheint dieses Blatt eine ebenso erstaunliche Schöpfung zu sein wie die berühmten vier apokalyptischen Reiter, die es an monumentaler Einfachheit vielleicht noch übertrifft.

Auch sonst blicken uns aus Dürers Phantasiewelt manch krause Eingebungen an, besonders wenn er „antikische" Mythenstoffe behandelt, die unter seinem Stift, mitunter der italienischen Vorlage zum Trotz, zu nordisch-fratzenhaften Märchen werden. Gewiß galten ihm die alten Götter und Helden der Hauptsache nach als Vettern jener Hexe, die er einmal gestochen hat, wie sie kreischend auf einem von Putten getragenen Geisbock durch die Lüfte fährt. Und so tritt er wohl gelegentlich auch zu griechischen Fabelwesen in ein mehr gemütlich freundschaftliches Verhältnis. Auf einem Kupferstich zeigt er uns eine Satyrfamilie, die wie ein vorweggenommener Rubens oder Böcklin wirkt: im heimlichen Waldesduster steht ein bocksfüßiger Faun und bläst die Flöte, während zu seinen Füßen eine mütterliche Nymphe lagert, die ihr Kleines zwischen den Beinen spielen läßt.

An diesem Beispiel sehen wir bereits, wie in Dürers Phantasie der Trieb erwächst, nach streng realistischen Vorstellungen zu arbeiten. Sein erstaunlicher Reichtum an Imagination ordnet sich bescheiden und gelassen seinem intensiven Wahrheitsbedürfnis unter. Statt weiter ins Qualvoll-Widersinnige auszuschweifen, scheint diese Einbildungskraft keinen höheren Ehrgeiz zu kennen, als die Fülle ihrer Erfindungen unter einer größeren Fülle schlicht erlauschter Lebenszüge zu verbergen. So hat diese Phantasie auf den ersten Blick kaum viel Auffallendes. Erst wenn man zu vergleichen beginnt und die verschiedenen Darstellungen des gleichen Gegenstandes nebeneinander legt, diese Menge von Darstellungen der Madonna, der Geburt Christi, des Abendmahles, des Ölbergs, der Geißelung, des Ecce homo, der Kreuzigung, Beweinung und Grablegung — wenn man diese Unerschöpflichkeit und Unermüdlichkeit einer stets im Wahrhaftigen und Empfundenen wurzelnden Schöpferkraft sich zum Bewußtsein bringt, beginnt unser gerechtes, stets wachsendes Staunen. Und wir stimmen dem Urteil der alten Italiener bei, die unseren Dürer wegen seines Phantasiereichtums für den ersten Meister erklärten und von seinen Einfällen reichlich profitierten.

Kaum weiß man bei Dürer, wo die Erfindung aufhört und die realistisch genaue Beobachtung anfängt: so sicher arbeiten beide Kräfte ineinander. Auch hier wiederum ist er der größte Vermenschlicher. Was immer er schildert, er stellt es dar, als sei er persönlich dabei gewesen und komme eben erst von dort her, wo er alles gesehen habe. So hat er ein vollkommenes Recht, etwa auf dem Wiener Bilde der Marter der Zehntausend, mitten unter das bunte Gemetzel der armen Märtyrer seine eigene unberührte Gestalt zu stellen: schier, als sei dies eine Art Zirkusvorstellung für ihn gewesen. Vor Martern und Greueln bebt er überhaupt niemals ängstlich zurück, und die Roheit, Niedrigkeit und Grausamkeit der Menschennatur besitzt an ihm einen derart unverblümten Schilderer, daß man ihn getrost einen Pessimisten nennen dürfte — gäbe es nicht eben auch das Gegenteil bei ihm. Welch widerlich roher Jan-

hagel springt auf so manchem Bilde um den
Erlöser herum, wenn dieser an die Säule ge-
fesselt dasteht und gegeißelt wird! welch ge-
meine Freude herrscht da in der Grausamkeit!
Oder wenn Christus vor Pilatus geführt und
später dem Volke gezeigt wird, so wird das zu
einer ausgiebigen Pöbel- und Polizistenaffäre, bei
der die untersten Instinkte jäh emporflackern
und selbst die Kinder sich von blöder Schaden-
freude ergriffen zeigen. Der Hohepriester aber
sitzt als ein vollgefressener Heuchler auf seinem
Stuhl und weidet sich an der Schmach seines
edlen Opfers. Wird dann später Christus ans
Kreuz genagelt, so sehen wir kalte geschäfts-
mäßige Halunken bei der Arbeit, und wenn
er aus dem Grabe steigt, so liegt eine schnar-
chende Schwefelbande von Landsknechten in
unanständigen Stellungen um ihn herum.

So wenig derlei rauhe Details die Hoheit
der Gesamtdarstellungen zu trüben vermögen,
so wenig zieht die heitere Alltagswelt auf
andern Blättern und Bildern die Wiedergabe
ins Banausische herab. Es bedurfte auf der
berühmten Wochenstube der h. Anna (im
„Marienleben") kaum des oben angebrachten

DAS WEIHERHAUS

Handzeichnung

London, British Museum

weihrauchfaßschwingenden Engels, um dem köstlichen Kleinrealismus dieser Schilderung die höhere künstlerische Weihe zu geben. Und so streift uns auch niemals ein Hauch des Trivialen, wenn etwa die Madonna eine einfache menschliche Mutter, Joseph ein biederer Zimmermann und St. Antonius ein stiller Gelehrter ist. Die wundervolle Erdennähe solcher Darstellungen erfüllt uns vielmehr mit dem innigsten Entzücken. Für Dürers persönlichstes Empfinden in der Hinsicht ist das in der Wiener Albertina aufbewahrte Blatt bezeichnend, auf dem er seine Braut oder junge Frau wohl zum erstenmal mit flüchtigen Federstrichen zu skizzieren unternahm. Nicht das mindeste Bedürfnis beschleicht ihn, sie in eine schöne Positur zu bringen oder auch nur „günstig" aufzufassen. Vielmehr zeichnet er das junge Weib, das er redlich lieb hatte, wie es nachdenklich dasitzt, den Ellbogen aufgestemmt und den Daumen der Hand fest an die Lippen gepreßt. Selbst also in einem solchen Moment galt ihm die Wahrheit alles, und das Charakteristische war ihm wichtiger als das Schöne. So hat er in späteren Jahren auch seine Mutter gezeichnet, als eine jämmerlich verfallene, verrunzelte Vettel, und doch gehört dieses Blatt zu den ergreifendsten Mutterdarstellungen, die man sehen kann. Großartig sind auch die windischen Bäuerinnen, die Dürer 1508 auf der Rückreise von Venedig in großen, prachtvoll ausgeführten Blättern festhielt — eminente Rasseerscheinungen. Zumal ein in London (bei Mrs. Seymour) bewahrtes Blatt, das ein verschmitzt grinsendes Gewaltweib mit geschlitzten Augen und bleckenden Zähnen zeigt, ist durchaus das, was man heute ein „document humain" nennen würde.

Wie dem Menschen, so wandte Dürer auch der umgebenden Natur ein aufmerksames Studium zu. So war er zeitlebens ein vorzüglicher Landschafter und ragt selbst unter seinesgleichen beträchtlich heraus. Schon in der „Apokalypse" können wir diese Wahrnehmung reichlich machen, indem der Zauber des Landschaftlichen sich öfters zur grausen Wildheit des Darstellungsthemas in einen künstlerisch wohlerwogenen Kontrast stellt. Schon da er als Wanderbursch die Welt durchzog, muß Dürer eifrig Landschaften gezeichnet haben, zumal im südlichen Tirol. Aber auch daheim hat er früher und später die Reize der Gegend, in und vor der Stadt, fleißig studiert und auf seinen Kompositionen wirksam verwertet; so etwa das anmutende „Weiherhaus" auf dem Kupferstich der „Madonna mit der Meerkatze". Es ist erstaunlich, wie modern Dürer auf diesen landschaftlichen Blättern manchmal wirkt. So bewahrt das British Museum eine aquarellierte Wald- und Teichlandschaft, in der die bunten Farbenspiele vor Sonnenaufgang meisterhaft festgehalten sind.

Auch Tiere verstand Dürer vorzüglich wiederzugeben, wovon namentlich die Albertina in Wien ein paar herrliche Proben bewahrt. So vor allem das Wunderwerk eines in Wasser- und Deckfarben ausgeführten Kaninchens, das, breit in der Grundanlage, bis zu fabelhaftester Akribie des Details aufsteigt und von solcher Lebendigkeit ist, daß man das nervöse Zittern des Tierchens zu spüren vermeint. So sehen wir auch noch ein Rebhuhn, eine Eule, einen Fasan, eine fliegende Fledermaus in prägnantester Ausführung und, schier das Wundervollste von allem, die doppelte Ausführung einer — Rindsschnauze (bei Mr. Malcolm in London). Auch einen Walroßkopf in seiner ganzen Furchtbarkeit hat Dürer einmal gezeichnet, als er während seiner niederländischen Reise ans Meer fuhr, um einen Walfisch zu betrachten. Hingegen ist das berühmte Rhinozeros nicht nach der Natur, sondern vermutlich nach einer italienischen Vorlage entstanden. Derlei war für Dürer ein Kuriosum und bot ihm als solches ein starkes Interesse. Verschmähte er doch auch nicht die Mißgeburten der Natur, wie das wunderliche Schwein, das bei einfachem Kopf zwei Rümpfe und Schulterbeine zeigt, oder ein siamesisches Zwillingspaar, dessen Namen „elspett" und „magrett" er treulich notiert (Zeichnung in Oxford).

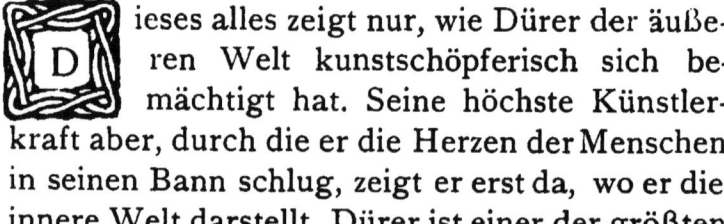ieses alles zeigt nur, wie Dürer der äußeren Welt kunstschöpferisch sich bemächtigt hat. Seine höchste Künstlerkraft aber, durch die er die Herzen der Menschen in seinen Bann schlug, zeigt er erst da, wo er die innere Welt darstellt. Dürer ist einer der größten Seelenkünder aller Zeiten, und wenn seine Mittel

auch nur der Stift und der Stichel, in seltneren Fällen der Pinsel sind, er braucht selbst vor einem Shakespeare und Beethoven nicht die Augen niederzuschlagen.

Am tiefsten hineingeleuchtet aber hat er in die Region des Leids, und er hat im menschlichen Leiden das göttliche erkannt. Vielleicht müßte man es umgekehrt sagen: „er fand im Gotte das Menschenleid" — und, historisch genommen, ist dies wohl das Richtige: Er nahm den vorhandenen Christustypus und die vorhandenen Passionsdarstellungen und vermenschlichte sie. Doch vom Ewigkeitsstandpunkte aus genügt diese Auffassung nicht. Denn wie kann man das Starre anders lösen und das Tote beseelen, als durch das Selbsterleben und innerliche Steigern alles Erdenschicksals und Leids! Dürer muß also dennoch von sich selber ausgegangen sein und aus seinen eigensten Innenerfahrungen geschöpft haben, als er (gleichviel, mit welchem Grade des Bewußtseins) in seiner Kunst darauf drang, auch dem Göttlichen gegenüber die letzten Pforten der Menschlichkeit zu öffnen.

Wie hätte er auch sonst wohl den Seelenmut fassen können, dem von der ganzen Christenwelt angebeteten Erlöser die eigenen Porträtzüge zu verleihen?! Und wie hätte es ihm glücken können, diese seine Porträtzüge so suggestiv mit unserer Heilandsvorstellung zu verbinden, daß wir (in unserer Germanenwelt wenigstens) kaum mehr davon loskönnen?! Diese Tatsache, dieser Erfolg sprechen für die denkbar stärkste innere Verbindung. Dürer fühlte tatsächlich in sich etwas von der Erhabenheit des Erlöserleids, und, indem er es mit naiv-kühner Schöpfermacht beichtete, gebar er aus sich selbst die Gestalt des neuen Heilandes. Wer den Christuskopf auf dem Veronika-Schweißtuch der Albertina-Zeichnung betrachtet, der vermag, je eindringlicher er ihn betrachtet, desto weniger zu sagen, wo hier zwischen Jesus Christus und Albrecht Dürer eine Grenze zu ziehen sei. Naturgemäß kann dies nicht lediglich das Ergebnis einer zufälligen Gesichtsbildung sein. Hier spricht Innerstes, Mystischstes mit, eine tiefe seelische Verbindung, die durch den Blutschweiß des Erlebens geheiligt wurde. Er wußte und bekannte es durch die Kunst: Was ich leide, das leidet Gott in mir.

Dürer hat dann jene Zeichnung später auf einen berühmten Kupferstich vom Jahre 1513 übernommen, wo zwei Engel das Schweißtuch halten. Er hat auch noch anderweitig, z. B. auf der in Bremen bewahrten Zeichnung eines sitzenden Schmerzensmannes vom Jahre 1522 bedenkenlos die höchste Porträtähnlichkeit walten lassen. Und so hat er denn, gegenüber dem traditionellen, auch von Schongauer und Wolgemut festgehaltenen Christustypus, einen neuen Typ nach seinem Ebenbilde geschaffen. Fast überall begegnen wir diesem Typ in Dürers Werk. Scheint er einmal zu fehlen oder minder deutlich zu sein, wie in einer Kohlenzeichnung vom Jahre 1503 (Brit. Museum), auf der Christus mit unerschrockenem Häßlichkeitsrealismus in der Agonie dargestellt ist, so wird doch durch eine naive Inschrift („Das habe ich in meiner Krankheit gemacht") auf die innere Beziehung zwischen Darsteller und Darstellung deutlich hingewiesen. Auf einem späten Holzschnitt aber (vom Jahre 1527) sehen wir aus Dürers Selbstbildnis den Christusausdruck gewichen. Etwas Hartes, Finsteres scheint aus diesen Zügen uns an- oder vielmehr an uns vorbeizublicken. Wenn jedoch Dürer hier nicht mehr des Erlöserblickes mächtig ist, so geschah dies, weil er allzu hart heimgesucht war als Kreatur. Tief und schmerzlich hat das Leid sich in ihn eingegraben. Und mit Erschütterung nehmen wir wahr, wie der ehedem manchmal so frohe Mann der einpressenden Umschlingung des Leidensengels am Ende seines Lebens schließlich hat unterliegen müssen.

So können wir denn nicht zweifeln, daß die Fülle des Leids, die aus Dürers Kunst uns anblickt, im letzten und höchsten Sinne durchaus vom Künstler selbst erfahren war: und sei es auch nur in dem Sinne, daß er durch seine künstlerische Schöpfung erst der geheimen Schmerzensgewalt in seinem Innern dumpf sich bewußt ward. Jedenfalls ist es auffallend, mit welch schier zwangvoller und unheimlicher Macht Dürer immer wieder zur Passionsgeschichte hinstrebt, so daß er im Erlöser vorwiegend den Schmerzensmann zu erblicken scheint. Nicht weniger als vier große Passionsfolgen besitzen wir von ihm: die Kupferstich-Passion, die große und die kleine Holzschnitt-Passion und die sogenannte

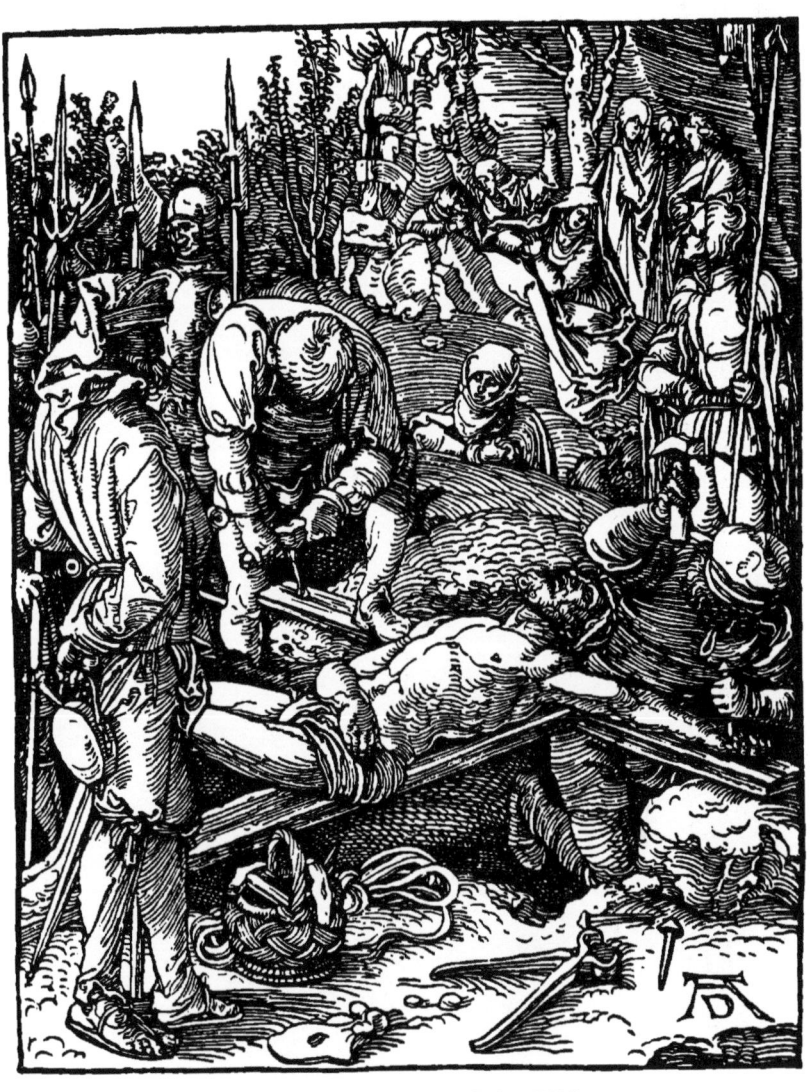

ANNAGELUNG ANS KREUZ
Aus der kleinen Holzschnitt Passion (B. 39)

„Grüne Passion" (fünfzehn Handzeichnungen auf grünem Grunde in der Wiener Albertina). Daneben gehen dann noch deutlich erkennbar die gezeichneten Ansätze zu einer späteren (fünften) Passion und manche Einzelblätter, die gleichfalls dem Passionskreise angehören. Was Dürer in diesen Folgen und Blättern geleistet hat, wird man wohl als den Grundstock seines Werkes bezeichnen müssen. Nirgends dringt er wieder so tief in das Erhabenste des menschlichen Gemütslebens ein, nirgends wieder packt er uns so mächtig an den Grundwurzeln unserer Daseinsgefühle.

Die einzelnen Passionen hier zu besprechen, ist nicht möglich. Auch braucht es uns an dieser Stelle nicht zu bekümmern, wodurch sich jede ihren Sondercharakter schafft. Wir wollen sie vielmehr insgesamt zu erfassen suchen als die Dokumente, in denen Dürer seine Intuition des Erlöserleidens niedergelegt hat.

Es ist ein echtes und rechtes Leiden, das er darstellt, mit allen Schmerzen, allen Erschütterungen, allen Ängsten und allen Ohnmächten. Nichts wird dem Gottmenschen, der sich für die Menschheit hingibt, erspart. Sein Opfer wird in vollem Umfang angenommen. Daß er die körperlichen Martern genau so fühlt wie irgend ein anderer Mensch, versteht sich von selbst. Doch zeigt er sich standhafter, erhabener im Ertragen. Hier wenigstens zeigt er seine Schwäche n i c h t. Etwas milde Verachtendes, das sich als Verzeihermiene äußert, hält ihn aufrecht, auch wenn seine Nerven unter Geißel und Rutenschlägen, unter Dornenstichen und Nageldurchbohrungen automatisch zucken. Selbst das Gejohle der irregeführten leidenschaftlichen Menge, selbst den kaltdurchbohrenden Hassesblick des geblähten Pharisäers nimmt er ruhig dahin, hat kein Auge, keine Miene der Abwehr dafür, und bloß seine trauervoll eingefallene Haltung verrät, wie sehr er sich durch den Anblick der Gemeinheit in seiner natürlichen Menschenwürde gekränkt fühlt. Was an furchtbarem Seelenjammer in ihm lebt, verrät Dürers Christus erst, wenn er allein ist. Also vor allem in den Ölbergbildern. Da wirft es ihn manchmal nieder, daß er platt mit dem Antlitz auf dem Boden liegt; oder er breitet kniend die Arme weit und hoch auseinander, und seinen Lippen scheint ein schmerzliches

Gestöhn sich zu entringen. Mit leiser und doch fast noch intensiverer Gewalt aber ergreift uns der große Eisenstich vom Jahre 1515: Christus kniet aufrecht vor einem Felsen, über den sich der Engel mit dem Schmerzenskelch zu ihm herabneigt; der Erlöser ist bereit, den Kelch zu empfangen — doch seine Hände zittern, und unter seinen Haaren bricht der Todes- und Angstschweiß hervor. Dann die Darstellungen des einsamen oder von einem Wächter verhöhnten Schmerzensmannes: am ergreifendsten die auf dem Titelblatt der kleinen Passion. Ungefähr in jener Stellung, die Walther von der Vogelweide in unvergeßlichen Versen beschrieben hat, sitzt Christus nackt auf einem Stein, die Wundmale an den Füßen, und stützt das leidensschwere, mit der Dornenkrone belastete Haupt, tief innerlich bedrückt, auf den aufgestemmten rechten Arm. (Gerade hier wieder ist die Ähnlichkeit mit Dürer, trotzt des halb bedeckten Gesichtes, frappant). Ein dreifach ausstrahlender Heiligenschein umzuckt das müde Haupt, gleichsam die tröstliche Gewißheit spendend, daß das Erlöserwerk vollbracht ist... Endlich auch wollen wir des Gemäldes gedenken, das vor allen anderen in diese Reihe hineingehört, das Dresdener Kruzifix vom Jahre 1507: eine der ergreifendsten Bildschöpfungen Dürers, jedenfalls aber die stimmungsvollste des Meisters. Das Kreuz ragt einsam in schwarzen Nachthimmel empor, vor dem die weißen Enden des Lendenschurzes flattern. Das eingefallene Antlitz drückt tiefsten Schmerz aus und gebrochene Klage, doch auch eine unbedingte Ergebenheit und eine ganz leise letzte Hoffnung. Und siehe da, die Nacht beginnt sich bereits zu lichten. Frühlicht lagert sich über die Erde und sanft erzittern die Bäume, vom Morgenhauch bewegt. Bald wird die Sonne heraufziehen.

So ist das Werk denn also vollbracht. All dieses Leiden, es war ja doch nicht sinnlos. Es wurde aufgenommen und ertragen, dem Erlösungsgedanken zuliebe. Von nun an wird Dürers Kunst sparsamer, und nur einzelne Blätter und Bilder zeigen uns den Verklärten. Wir sehen den Auferstandenen, wie er glorreich sich erhebt; wir sehen ihn dann als Gärtner vor der knieenden Magdalena; und wir sehen ihn als Trostbringer in der Vorhölle, wie er mit un-

SÄUGENDE MADONNA
Kupferstich

endlich milder, hilfreicher Gebärde die armen Büßer den Flammen enthebt. Dann folgt die Himmelfahrt und das Thronen zur Linken des Vaters, und, als höchste Stufe der Erfüllung, endlich die Krönung der irdischen Mutter, die sich als himmlische Jungfrau demütig vor ihm neigt.

Hat doch diese Mutter an all dem Leid, das der Sohn erfuhr, ihr reichlich Teil mitgetragen. Und so hat denn Dürer in manchen seiner Schöpfungen auch den besonderen Seelenschmerz des Weibes, das Mutter ist, und das im eigenen Kinde das Unbegreifliche verehrt und für sein Erdenschicksal zittert, erschütternd wiedergegeben. Schon auf manchen Darstellungen der jungen Mutter, die ihr Neugeborenes auf den Knieen herzt, schleichen die Schatten sich ein, und es liegt etwas wie eine trübe Ahnung und geheime Furcht auf dem Antlitz des jungen Weibes. Dann das ergreifende Blatt des „Marienlebens", da der erwachsene Sohn die Mutter verläßt, und diese in stummer Wehklage zusammenbricht, der Schrecknisse gewärtig, die die Zukunft birgt. Und die Schrecknisse kommen. Maria steht am Kreuzesstamm, fällt ohnmächtig in die schützend ausgebreiteten Arme des Jüngers Johannes und umfängt schließlich den kalten Leichnam des geliebten Sohnes, den teilnehmende Freundeshände ihr in den Schoß gelegt haben. Dieses alles hat Dürer, der Leidkundige, so schlicht als wahrhaftig aufs mannigfaltigste geschildert und hat so auch die Mutter der Dornen- und Glorienkrone teilhaftig werden lassen, die des Sohnes ruhmreiches Geschick besiegelt.

Doch neben Maria der Schmerzensreichen steht Maria die Gnadenvolle, die Liebliche, die Keusche, die jungfräuliche Mutter, die Krone aller Frauen. Hier erschließt sich ein neuer Gefühlskomplex, gleichsam als Widerhall zu den Leidempfindungen, eine Quelle stiller Seligkeiten und sanfter Entzückungen. Und Dürer, der so stark war, wo es galt, das ewige Weltweh zu schildern und die tiefe Tragik des heroischen Menschen entschlossen zu enthüllen, er versagt auch hier nicht, wo das innigste, umfassendste und unzerstörbarste Glücksgefühl des naiven Menschen nach eindringlicher Darstellung verlangt.

Nächst den heroischen werden so die idyllischen Gemütskräfte Gegenstand von Dürers künstlerischer Schilderung. Die bescheidenen Freuden der Häuslichkeit, die gegenseitige freundschaftliche Hilfsbereitschaft, die andächtige Stimmung milder Hoheit, das leichte Tändeln von Laune und Humor, kurz alles, was unserem Leben Wärme und Anmut verleiht, über seine Schrecken uns tröstet und lindernde Vergessenheit breitet, alles dieses öffnet jetzt seine Wunderkelche und durchhaucht die Luft mit lieblichen Wohlgerüchen.

Dürer selbst war kinderlos. Er hat niemals auf den Armen seiner Agnes sein eigenes Fleisch und Blut erste holde Bewegungen machen sehen. Trotzdem gibt es in der Kunst der ganzen Welt nur wenige Maler, die das Verhältnis der Mutter zu ihrem Kinde mit solcher Innigkeit, Wahrheit und Heiligkeit geschildert haben wie Dürer. Behielt es vielleicht deshalb für ihn einen besonderen Wunderglanz, weil es als unerfüllter Sehnsuchtstraum ihn berückte, unvermischt mit des Alltags Verdrießlichkeiten und Kleinlichkeiten? Wie dem auch sei, Dürers Ehrfurcht vor allem Mütterlichen und Kindlichen war unbegrenzt und erfüllte ihn gleich einem warmen lebendigen Blutstrom. Diese Ehrfurcht war es wohl, was ihn auch hier im Natürlichen das Göttliche erkennen ließ, was seinem Zeichnerstift die Kraft gab, alle Tradition durchbrechend oder steigernd, aufs neue dem Menschlichen zu einem höchsten Triumph zu verhelfen.

Dürer hat die Madonna in allen nur denkbaren Situationen und Gestalten abgebildet: als Himmelskönigin und als irdisches Weib, als Patrizierin und als Proletarierin, daheim in unberührter Häuslichkeit, oder im Freien sitzend, unter Tieren und Blumen, an der Stadtmauer, an der Hecke oder am Gestade eines Sees. Bald ist sie allein, bald hat sich Josef, bald auch ihre Mutter Anna zu ihr eingefunden. Oder es hat sich auch eine ganze Sippe zu ihr gesellt, oder Heilige und Märtyrer sind hinzugetreten zur ‚sacra conversazione'. Ein andermal sehen wir, wie die Hirten, oder die Könige aus dem Morgenland, oder Himmelsengel mit Blumen und Musikinstrumenten zur Verehrung

DAS ROSENKRANZFEST
Oelgemälde. (Nach einer alten Copie)

und Anbetung des Kindes nahen. Oder es sind Engel herabgeschwebt, fassen eine Strahlenkrone und halten sie, schwebend, über das Haupt der demütig Sitzenden. Kaum kann man mit Worten die Fülle der Gesichte, mit denen dieser Künstler begnadet ward, umschreiben. Stets aber ist seine Madonna ein schlichtes und einfaches, im echtesten Sinne liebenswertes und mütterliches Weib, obgleich durchaus nicht immer „schön". Was wir mit diesem Worte nennen, hatte für Dürer als Marienschilderer genau so wenig Wert als etwa für Millet, der das herrliche Wort gesprochen hat, daß eine Mutter nur schön sein solle durch ihren Blick, der auf dem Kinde ruht. Das hätte auch Dürer sagen können. Denn seine Madonnen dünken uns um so schöner, je inniger die Beziehungen sind, die sie mit dem Kinde verbinden. Deshalb ist sie vielleicht am allerschönsten, wenn sie am allermenschlichsten ist, wenn sie gleichsam zum heiligen Tiere wird, das seinem Jungen aus voller Brust die Nahrung reicht. Dürer hat die Madonna des öfteren säugend dargestellt, er hat sie sogar inmitten dieser Funktion von Engeln bekränzen lassen. So sehen wir

D*

sie auf Zeichnungen, auf Holzschnitten und auf Gemälden, am seelenvollsten aber wohl auf einer der beiden Kupferstichdarstellungen (vom Jahre 1519), weil sie hier ganz ohne irgend welche Zutat erscheint, schlicht als das Weib, das dem Kinde als Bestes den eigenen Lebenssaft schenkt und darüber vor Wonne erglüht. Wahrlich, was bedeutet solch einem Weibe die „Schönheit"? Gerade in diesem Augenblicke fragt es am allerwenigsten darnach. Es will gar nicht schön sein, denn all seine Seligkeit ruht in seinem Kinde. So kann es uns nicht stören, wenn die heiliggesprochene Mutter uns gelegentlich als ein dickes Weib mit Doppelkinn, mit lächelnd verzogenem Munde und mit schweren Augenlidern vorgeführt wird (wie bei der kleinen Wiener Madonna; etwas gemildert bei der sehr merkwürdigen „Madonna mit der Schwertlilie" im Daughty House bei Mr. Cook): all ihre Schönheit liegt ja in ihrer Mutterliebe! Aus diesem Grunde wohl hat Dürer dann, wann die mütterlichen Beziehungen stiller und schlummernder sich zeigen, den äußeren Liebreiz der Erscheinung leise gesteigert, und dann tritt wohl auch das Bestreben ein, die Madonna in Wahrheit als ein Weib von zugleich hehrer und lieblicher Erscheinung zu bilden. So, wenn sie als Himmelskönigin, auf der Mondsichel stehend, von Strahlenglanz umflossen, uns entgegenschwebt; oder wenn Engel sie mit Blumen und Geschmeide schmücken. Hier darf man vor allem den herrlichen Madonnenholzschnitt vom Jahre 1518 nennen, wo die rosenkranzgeschmückte Maria mit ihrem auf einem Kissen stehenden Kind das anmutende Abbild einer in ruhigem Glück erstrahlenden jungen Mutter darbietet. Ins Hoheitsvolle gesteigert, gewahren wir das gleiche auf dem leider fast zerstörten Gemälde „Das Rosenkranzfest", der reifsten und süßesten Frucht von Dürers zweitem venezianischen Aufenthalt (1507). Der leise Zug von Repräsentation, der hier dem Stoffe nach unvermeidlich war, wird nahezu völlig aufgehoben durch die mütterlich sanfte Erhabenheit und Güte, mit der hier die Madonna in der Schar ihrer traulich knieenden Verehrer thront, während ihre ausgestreckte Rechte mit einer überaus anmutenden Gebärde das duftige Kranzgewinde auf das gesenkte Haupt des vor ihr sich beugenden Kaisers drückt. Hier ist die

Heilandsmutter geichsam zur Weltenmutter emporgewachsen, dem Alltäglich-Natürlichen entrückt, aber immer noch in jeder Gebärde menschlich, in jeder Linie ein echtes Weib.

Auch andere Darstellungen des Frauenlebens verdanken wir Dürer, in denen die zartesten geschlechtlichen Beziehungen mit einer Heiligkeit behandelt werden, die uns ehrfürchtig stimmt. Vor allem ist da der wundervolle Holzschnitt aus dem „Marienleben" zu nennen: „Joachim umarmt die schwangere Anna am Tor seines Hauses". Die frommen Sinneswünsche, welche Gatten untereinander vereinen, finden in dieser innigen Umarmung, die vertieft wurde durch eine lange Zeit vergeblichen Harrens, einen stumm-gewaltigen Ausdruck. Das Übermaß des unerwarteten Glücks macht diese zwei Menschen demütig und schamhaft, verbindet sie zugleich zu wundersam gesteigerter Gemeinschaft. Anders nuanciert, doch kaum von minderem Wert, ist der Besuch der schwangeren Maria bei ihrer Mutter Anna: hier sind es zwei Frauen, die mit einem Blick sich in allem, was ihre Leidensseligkeit ausmacht, wortlos verstehen.

FRAGMENT AUS DEM „MARIENLEBEN"
Ruhe zu Aegypten (B. 90)

Wo ist überhaupt der zweite Künstler, der die familiären Beziehungen so fein und treuherzig in all ihrer gemütreichen Harmonie, und mit solch anspruchlosem Reichtum, dargestellt hätte, wie Dürer. Von der Wochenstube des „Marienlebens" bis zu so manchem Blatt aus dem Familiendasein des heiligen Josef — welche Skala zartester Schwingungen, tönendster Glücksempfindungen! Da ist beispielsweise ein Blatt aus einer Braunschweiger Privatsammlung, eine ganz flüchtige Federzeichnung: das wirkt wie die intimste Belauschung heiligen Familienlebens. Maria sitzt vorn auf dem Bett, hat auf dem Schoße ihr Kind und neben ihr scheint die hölzerne Wiege, aus der sie es nahm, noch sachte zu schaukeln; ganz hinten sitzt vor einem breiten Fenster Josef am Schreibpult, und auch der Ofen in der Ecke ist mit ein paar Strichen angedeutet und scheint mollige Wärme zu spenden. Derartige Inspirationen des Momentes mochten dann wohl zu der berühmten Schöpfung des „Heiligen Hieronymus im Gehäus" führen, der freilich ein alter Hagestolz ist, aber dennoch, im sonnig durchwärmten Gemach, mit seinem Löwen und mit seinem Spitz und selbst auch mit seinem im Fenster liegenden Totenkopf eine Art von Familienleben führt.

Später gibt dann die „Passion" reichliche Gelegenheit, die Gemütsbeziehungen familiär verbundener Menschen ergreifend zu gestalten. Vielleicht das herrlichste Blatt dieser Art ist die Kreuzabnahme aus der grünen Passion. Wie da mit unendlicher Behutsamkeit der Leib des toten Erlösers an einem Tuch vom Kreuzesstamm heruntergelassen und von liebend ausgestreckten Armen, von sehnsüchtig emporgewandten Blicken empfangen und betreut wird, das ist von solcher Macht wahrster und treuester Empfindung, daß noch ein Rubens von dieser Erfindung nicht hat loskommen können und sie in einem berühmten Brüsseler Altargemälde verwendet hat. Auch in den verschiedenen Darstellungen der Grablegung finden Freundestreue und hilfreiche Gesinnung, klagende Liebe und reuevolle Verehrung den vielfältigsten Ausdruck. In dem großen Münchener Bilde der „Beweinung Christi am Kreuz" wird gleichsam die Summe dieser Gemütsbewegungen gezogen — das wirkt freilich ein wenig zu einander konstruiert, wie es die Gemälde Dürers im Gegensatz zu seinen zeichnerischen Werken mitunter zeigen. Will man aber gleichsam eine Glorifikation und Apotheose familiärer Gemütsbeziehungen haben, so denke man an die Krönung Mariä auf dem leider untergegangenen Hellerschen Altarwerk, oder noch besser, man betrachte den großen Dreifaltigkeitsholzschnitt vom Jahre 1511. Es soll gewiß keine Profanierung sein, wenn wir zu sagen wagen, dieses Blatt stelle gleichsam eine Familientrauer im Himmel dar. Mit welch erhabener, väterlicher Gebärde, die mit ihrer mitleidig trauervollen Güte die edelste Gefaßtheit vereinigt, nimmt hier der göttliche Vater den von Wundmalen entstellten Leichnam des Sohnes breit in seine Arme! Und mit welch ehrlicher und doch ehrfürchtigen Klage drängen sich die Engel hinzu und heben scheu, gleich einem treuen verehrenden Hausgesinde, Hand und Gewandzipfel des Gemordeten empor! Aber dieses alles ist verklärt — es steht über dem Schmerz. Es ist in eine Strahlenglorie getaucht, über der die Taube der Verheißung siegkündend schwebt.

Reinstes Glück, holdeste Freude, innigste

Schalkhaftigkeit endlich künden uns Dürers Kinderdarstellungen. Mögen diese Kinder nun putzige lose Englein oder mögen sie sogar das gestrenge Jesuskind selber sein. Fast stets, wo wir bei Dürer ein Kind sehen, blitzt etwas von gemütvollem Humor im Künstler auf. Und dabei ist er gerade hier scheinbar nichts als ein echtester Realist, der die ganze Drolligkeit, Unbehilflichkeit, Vielgeschäftigkeit und Spitzbüberei seiner niedlichen Rangen direkt dem Leben entlehnt. Seine Engelskinder sind nichts weniger als wohlerzogen. Sie balgen sich mit Tieren herum, schaffen liebliche Unordnung, rumoren und spektakeln, daß es nur so eine Art hat. Auch das Jesuskind ist keineswegs blöde, und wenn die heiligen drei Könige ihm ein Gabenkästlein präsentieren, dann greift es mit ganzem Arm tief hinein. Oft freilich ist das Kindlein noch so klein, daß es kaum schon Bewegungen machen kann, und wenn es dann mit urwüchsigem Behagen an der Brust trinkt, so sehen wir es wohl sorglich in Windeln eingewickelt und dann liegt es schlafend da, ganz wie andere Neugeborene, und an seinem offenen Mäulchen und geblähten Näschen sehen wir

TANZENDES BAUERNPAAR
Kupferstich

deutlich, daß es schnarcht. Gar reizend ist auch eine ganz frühe Farbenzeichnung des Jesuskindes (1493), wie es ganz allein, eine goldene Hostie gleich einem Apfel in Händen, im Hemde aus einer Nische, wie aus dem Fenster, herausschaut: ein dickes, blondes, blauäugiges Büblein mit überaus treuherzigen Zügen. Die Zahl ähnlicher Kinderzeichnungen ist recht groß, und alle lassen erkennen, wie sehr hier der Künstler mit dem Herzen dabei war.

Dürers Humor wurzelt in der Freudigkeit des Herzens. Das waren helle, ob auch seltene Stunden und Momente, wann dem ernsten, grüblerischen und etwas feierlichen Mann die Freude nahte und dem Herzen Leichtigkeit zuwehte. Es war die gesunde Volksnatur in Dürer, die derart auf die erhöhten Anspannungen des Ernstes und der gestaltenträchtigen Schwermut reagierte. Schon in Dürers Madonnendarstellungen erkannten wir vielfach die Regungen dieses Volksgeistes. Es konnte nicht fehlen, daß auch auf anderen Stoffgebieten der gleiche Drang sich äußerte.

Da sind denn vor allem die Darstellungen

aus dem Volksleben selber. Wenn irgendwo, so wirkt Dürer hier als Vorfahre Rembrandts, ja stellenweise des Teniers und des Adrian Brouwer. Eine ganze Reihe von Kupferstichen führt uns herzhaft mitten in die Volkskreise hinein. Und wenn an der Spitze des Zuges eine von einem Landsknecht begleitete Dame stolz zu Roß heranreitet, so folgen ihr doch gleich auf dem Fuß ein liederlich tuender Bauer mit seinem Weib und eine fromm tuende Wirtin mit ihrem schmerbäuchigen Koch. Soldaten stehen umher und der Fahnenträger schwenkt sein buntes Tuch; gespreizt pflanzt sich ein Orientale auf mit seinem Weib; unterm Baum aber steht ein wehmütig Männlein, der Dudelsackpfeifer, und quietscht uns was vor. Noch mehr der Bauern rücken heran. Drei stehen beieinander in sorgenreichem Gespräch; Marktbauern an ihrem Kram erweisen sich als gierige Feilscher; aber dann geht plötzlich ihre derbste Lebenslust hoch, und ein halbbetrunkener Landrüpel tanzt mit seinem feisten Weib einen plumpen Schwenketanz — saufrohes Lumpenpack, aber unverwüstlich in seinem Juchhe! Natürlich wird dann je nachdem auch über die Schnur gehauen.

Am Waldrain sitzt ein Krämer, und die geputzte Dirne neben ihm greift frech nach seiner Geldkatze. Und ein andermal gar sehen wir einen geilen Lümmelgreis, der einem jungen Weibe zudringlich wird. Darstellungen dieser Art liebte die Zeit. Dürer entzieht sich dem nicht, bleibt aber weit maßvoller als die meisten anderen. Schließlich schlägt doch wieder der Ernst bei ihm vor, und er zeichnet ein spazierengehendes Liebespaar, dem der Tod hinterm Baume auflauert. So hat er auch den Landsknecht und den Tod auf einem schönen Holzschnitt einander gegenübergestellt. Und auf einer großartigen Kohlenzeichnung (bei Mr. Malcolm, London) stellt er den König Tod dar, wie er auf seiner Hippe, ein gekrönter Gewaltherrscher, durch die Lande reitet. „Memento mei" steht mit großen Buchstaben, mahnend, dazu geschrieben.

Auch die Bibel gewährt gelegentlich einen Stoff, durch den Dürer einen Griff in das völkische Leben seiner Zeit tun kann. So entstand der große Kupferstich vom „Verlorenen Sohn". Fesselnd durch seinen Gemütsausdruck, interessiert uns das Blatt doch vor allem durch seine

Wiedergabe eines zeitgenössischen Großbauernhofes, der von mancherlei Gebäuden eingerahmt und von vielerlei nützlichem Gevieh munter belebt ist. Als Zeitbeobachter zeigt sich Dürer ferner auf kolorierten Zeichnungen, in denen er Modetypen festhält, gelegentlich auch einen gepanzerten Reitersmann vor uns hinstellt. Von dort wars dann nur ein kleiner Schritt zu den prächtigen Figuren reitender Herolde und Kavaliere, die er für Kaiser Maximilians „Triumphwagen" gezeichnet hat, und von denen in verschiedenen Kabinetten, besonders aber in der Wiener Albertina, treffliche Proben aufbewahrt werden. Das weltlich Prächtige verbindet sich in diesen Figuren mit einem natürlichen Sinn für Noblesse und Würde, der sehr wohltuend wirkt.

Auf Würde der Erscheinung ging Dürer, je länger er schuf, desto bewußter ein. Aus dem großartigen Charakteristiker, der er von Haus aus war, entwickelte sich mehr und mehr ein Darsteller der Vornehmheit und des echten, nicht bloß seelischen Adels. Die menschlichen Lebenserscheinungen, die sich seinem Zeichenstift darboten, wurden von ihm in einem immer

Berlin, Kgl. Gemälde-Galerie.

BILDNIS DES HIERONYMUS HOLZSCHUHER
Gemälde.

höheren Sinne begriffen und mit immer mächtigerem Wurf gestaltet. Erblickt man irgendwo in einer Mappe einen derartigen Dürerschen Charakterkopf, so wird einem zu Mute, als hörte man des Lebens Bäche tiefer rauschen. Schon als er sich auf das Hellersche Altarwerk und auf das schöne Wiener Dreifaltigkeitsbild vorbereitete, ganz besonders aber seit seiner niederländischen Reise kommt dieser große Zug in die Dürerschen Menschendarstellungen. Das scheinen lauter Kernnaturen zu sein, die kühn und entschlossen dem Leben gegenüberstehen, mutige und selbstbewußte Ringer, die sich nicht wollen unterkriegen lassen. Ergreifend aber wirkt der Meister, wenn er uns einen Mann zeigt, der das Leben zu Ende gekämpft hat und der nun, wenn auch keineswegs gebrochen, so doch alt und zermürbt, schwerhörig und mißtrauisch geworden ist, wie auf dem berühmten Prachtblatt der Albertina, das uns einen dreiundneunzigjährigen Antwerpener Greis vorführt.

Eine Art Patrizierbewußtsein im schönsten und echtesten Sinne muß sich im Lauf der Jahre in Dürer herausgebildet haben, und wie er seine eigene schöne Männlichkeit offen und ehrlich kultivierte, so scheint er auch bei anderen ein würdiges Auftreten und vornehmes Sichgeben sehr zu schätzen gewußt zu haben. Die Eindrücke aus Venedig haben zweifellos diesen natürlichen Hang gewichtig unterstützt. So zeigt die Berliner venezianische Madonna einen bewußt erhöhten freundlichen Reiz, und von sich selbst gesteht er, wenn auch halb im Scherz, daß er in Venedig ein Gentleman („zentilomm") geworden sei. So zeigen auch die Gestalten seiner Heiligen mehr und mehr etwas sozusagen Gentlemanlikes. Mit wahrhaft fürstlichem Anstand, obschon unter der Last ziemlich stark gebeugt, trägt der große Holzschnitt-Christophorus vom Jahre 1511 das Christuskind durch den Fluß, und sein und des Kindes Gewand flattern dazu in schönen, rhythmisch bewegten Falten. Selbst der heilige Selbstgeißler (Holzschnitt vom Jahre 1510), der, vor dem Altare kniend, sein grausames Handwerk verrichtet, präsentiert sich durchaus als noble Erscheinung. So wuchs Dürers Fähigkeit, das Edle der menschlichen Gestalt bildnerisch hervorzuheben, immer mehr, erprobte sich mit Glück auf den figurenreichen Kompositionen großer

ALBRECHT DÜRER

Bilder und erreichte schließlich ihren vielbewunderten Höhepunkt in den imposanten Gestalten der vier Münchener Apostel vom Jahre 1526. Dieser Schöpfung noch etwas zum Lobe nachsagen zu wollen, wäre. Trivialität. Es genügt uns, erkannt zu haben, daß hier eine letzte und höchste Konzentration zwanzigjährigen meisterlichen Ringens vorliegt. Dürer, der Maler, wird hier nahezu zum Monumentalplastiker.

So war unser Künstler auf natürlichem Entwicklungswege dahin gelangt, Idealgestalten zu formen. Es gibt aber neben dem natürlichen auch einen künstlichen Entwicklungsgang, der diesem Ziele diente. Durch seine Berührungen mit humanistischen Kreisen hatte Dürer von den auf Proportionsgesetze aufgebauten kanonischen Schönheitsregeln der Alten gehört und an italienischen Kupferstichen hatte er diese zu studieren versucht. Er vernahm dann auch, wie wir als sicher annehmen dürfen, von den auf ähnliche Kunstziele gerichteten Studien Lionardos, und so wuchs in ihm selber der Plan groß, auf Grund exakt und systematisch durchgeführter Messungen am menschlichen Körper und Antlitz zu einem eigenen neuen Schönheitskanon zu gelangen. Blätter, wie „Das große Glück" (das auf uns freilich eher als Häßlichkeitskanon zu wirken vermag) hängen mit diesen Bestrebungen zusammen, wie denn Dürers wiederholte Versuche im Nackten keineswegs aus naiver Schönheitsbegeisterung, sondern weit mehr aus theoretischen Forschungen hervorgegangen sind. Wir begegnen unter Dürers Zeichnungen immer wieder Aktstudien, in die mit Maßen abgeteilte Linien, senkrechte und wagrechte, auch Kreise und Halbkreise nach bestimmten Grundsätzen hineingezeichnet sind. So erstand z. B. der Kupferstich „Adam und Eva" vom Jahre 1504, der deshalb etwas Kaltes behält, während die Madrider Doppeltafel vom Jahre 1507 den Meister bei weitem gereifter und freier erweist. Sehr interessant ist, wie Dürer diese Messungen nun auch auf das menschliche Antlitz übertrug und hierdurch zu Idealtypen zu gelangen suchte. Und unendlich charakteristisch ist es, daß er hierbei gewissermaßen bei sich selber den Anfang machte. Denn es unterliegt wohl kaum einem Zweifel, daß das berühmte Münchener Selbstbildnis, das ja entschieden in seiner ge-

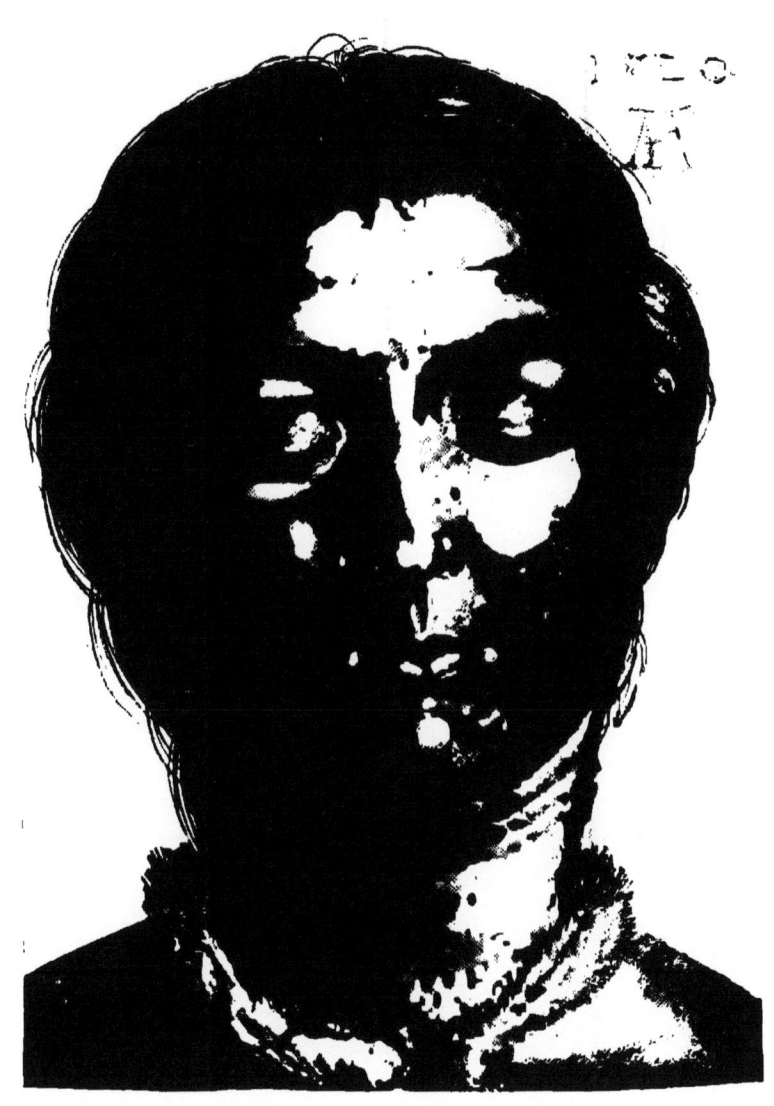

DÜRERSCHER FRAUENTYP
Handzeichnung. London, British Museum

nauen Corresponsion etwas Starres und Konstruiertes aufweist, auf Grund kanonischer Messungen entstanden ist. Auch für den Madonnakopf suchte Dürer zu gleichen Resultaten zu gelangen. Da ist wohl das typischste Beispiel ein (hier abgebildeter) mit Wasserfarben angelegter Kopf im British Museum, zu dem sich die Naturstudie erhalten hat, die Dürer alsdann durch konstruktive Manipulationen in die erwünschte Idealform hineinpreßte. Darum hat dieser Kopf wohl dieses Unheimliche. Das Leben darin ist keineswegs erloschen, erscheint nur teilweise wie versunken, teilweise aber auch ins schier Gigantische gesteigert. Dieser Idealtyp kehrt dann wiederholt, gemildert und verlieblicht, auf Dürerschen Madonnenbildern wieder. Obgleich von Künstelei nicht völlig freizusprechen, ist hier Dürer dennoch zu eigentümlichen Ergebnissen gelangt, die zugleich etwas Rassehaftes behalten.

Dürers Bedeutung als Kunsttheoriker ist noch nicht völlig aufgehellt. Seine Schriften, so wie sie uns vorliegen, behalten etwas Verworrenes. Doch viele kostbare

Zeit seines immerhin karg bemessenen Lebens verwendete er mit ernstestem Ehrgeiz auf das echt renaissancemäßige Streben, sich durch zäh angestellte eigene Versuche und Erwägungen zu den göttlichen Regeln der Alten ruhmreich zurückzufinden. Und nicht bloß für sich selber, gleichsam zu seinem Privatgebrauch, wollte Dürer die Erfahrungen und Ergebnisse sammeln, er wollte sie vor allem der Nachweilt vermachen, er wollte die jung aufstrebenden Künstler seiner Zeit damit beschenken, auf daß sie fürderhin nicht mehr so ratlos und unbelehrt gerade in dem, was die Grundlage ihres Tuns hätte bilden müssen, umherzutappen brauchten. „Speis der Malerknaben" oder auch „Unterweisung der Lehrjungen in der Malerei" wollte Dürer das von ihm geplante große kunsttheoretische Werk bezeichnend taufen. Dieses Werk wurde jedoch als Ganzes nicht vollendet, und nur einzelne Teile schälten sich rund heraus und erschienen im Druck, die „Unterweisung der Messung" und die „Vier Bücher von menschlicher Proportion" (denen sich als Digression auf ein anderes Gebiet „Etlicher Unterricht zu Befestigung der Städt, Schloß und Flecken" noch anreiht). Hier sehen wir Dürer als den systematischen Sucher nach einer kanonischen Schönheit, wie sie sich als solche in der Natur zwar ideal vorgezeichnet, doch niemals real zur Vollendung gebracht findet. Wie es scheint, vermochte Dürer auch in der Kunst an das Auffinden und Gestalten einer wahrhaft vollkommenen Schönheit zuletzt nicht mehr zu glauben. Resigniert hören wir ihn bekennen, daß kein Mensch auf Erden lebe, der endgültig angeben könne, wie die allerschönste Gestalt des Menschen sein möchte: „Die Schönheit, was das ist, das weiß ich nit", wie er es einmal lapidar zusammenfaßte.

Wenn also Dürer hier gewissermaßen in einem faustischen Ringen schließlich unterlag, so blieb dafür sein Vertrauen in die Natur stets unerschüttert. Berühmt ist das in seiner Schlichtheit wahrhaft erhaben geprägte Wort des Meisters: „Und wirklich steckt die Kunst ganz in der Natur: wer sie heraus kann reißen, der hat sie" — alles in allem das Schlußwort auch unserer Weisheit. Und wenn wir fragen, wie der Begnadete beschaffen sein müsse, der das Wunder zu vollbringen vermöge, aus der gleichmäßig ungeheuerlichen Fülle der uninteressierten Natur das kleine Wunderkorn der Kunst herauszuholen und zum Keimen zu bringen, so hat uns auch hierauf Dürer die Antwort nicht verweigert, indem er naiv von sich selber gesteht, er sei „inwendig voller Figur". Das heißt ja doch nichts anderes, als daß der allein die Kunst in der Natur zu finden vermöge, der die Natur selber als ein Lebendiges, Bewegtes bereits in sich trage. Es ist genau das gleiche, was Goethe meint, wenn er von seinem Wissen um die Welt „durch Antecipation" (also Inpiration im Gegensatz zur mühsam erlernten Erfahrung) spricht: wobei dann abermals unsere Weisheit in Mystik endet.

Derart auf allen Seiten von Mystik umgeben, und gleichsam daran stoßend, sobald sie aus dem lichten Tag ihrer hellbeleuchteten Stube den Kopf zum Fenster ins Dunkel hinausstreckt, ist es wohl unvermeidlich, daß die Kunst selber eines gewissen mystischen Zuges teilhaftig werde und, über die Gesichter und Bedeutungen des Alltags hinaus, nach dem Anblick und Symbol des Ewigen strebe. Ein so viel grübelnder Mann wie Dürer mochte dessen am wenigsten entraten. Darum steckt in seinen

Handzeichnung

MEMENTO MEI

London, Sammlung Malcolm

Darstellungen aus der Leidensgeschichte Christi und aus dem Mutterglück Mariä so vielerlei mit Worten nicht zu Fassendes, das über den Einzelwert des jeweilig dargestellten Momentes hinaus Perspektiven ins Ewige und Allgemeine zieht. Darum gehört Dürer nicht bloß der Kunstgeschichte an, sondern der Menschheitsgeschichte. Gewiß, er war ein großer Schauender, aber er war auch ein unerbittlich Ringender. Und seine ganze Kunst durchzieht dieser Respekt vor dem geistigen Ringen und macht sie bedeutsam. Die Gestalten seiner Heiligen zeigen lauter Männer, die es mit dem Schicksal ernst nehmen und die tief entschlossen sind, nicht kleben zu bleiben an den Außenseiten unseres Daseins, sondern gewaltig darüber hinauszustreben, bis sie seiner tieferen Bedeutung inne werden. Dem Tatengenius des Apostels Paulus steht so der Forschergenius des Evangelisten Johannes ergänzend und belangvoll gegenüber. Das Nachspüren nach dem göttlichen Wort, das diesen Heiligen und seinen Genossen Petrus erfüllt, es beseelt auch andere Dürersche Gestalten, um die es vom Morgenrot einer nahenden Erkenntnis und Geistesfreiheit zu dämmern scheint. So sitzt, auf einem unvergleichlich schönen Kupferstich, der heilige Antonius tief versunken in morgendlicher Helle vor der Stadt, sitzt auf dem Boden und blickt voll leidenschaftlichen Eifers in ein Buch, das er auf den Knien vor sich aufgeschlagen hat. Und da ist der berühmte heilige Hieronymus, ein freilich sehr friedlicher Forscher, der so recht im Sonnenschein seiner behaglichen Heilswahrheit dasitzt und sich der Erleuchtung freut, die nun wohl lange schon zu ihm kommt. Aber dann haben wir als wundervolles Symbol des ewigen unbefriedigten Ringkampfes „Die Melancholie". Wie dieses herrliche Blatt im einzelnen auch zu deuten sein möge, sein ewiger Gehalt liegt klar und unzweideutig zu Tage: dargestellt ist der sinnende und trauernde Genius der Menschheit, der müde die Flügel hängen läßt, der aber mitten in seiner Trauer nicht verzagt und eine starke, leuchtende Gewißheit und Hoffnungskraft in sich spürt. So ist denn hier die geistige Tapferkeit, trotz Zweifel und Resignation, kaum minder stark zum Ausdruck gebracht als im „Reiter" der physische Mut, trotz Tod und Teufel. Im Grunde sind geistige Tapferkeit und

Handzeichnung. *Braunschweig, Sammlung Blasius.*

MADONNA AUF DEM BETT.

physischer Mut hier ein und dasselbe: die feste und unerschütterliche Gesinnung einer Seele, die sich des Weges, den sie wird wandeln müssen, sei es in zauderndem Nachdenken, sei es in blinder Entschlossenheit, voll bewußt ist.

In der Zeit, da er lebte, hatte Dürer nur e i n e n Geistesverwandten, Lionardo da Vinci. In späteren Jahrhunderten erwuchs ihm aus heimischem Stamm und heimischer Erde ein zweiter, Wolfgang Goethe. Mit diesen beiden bildet er für das Bewußtsein der Menschheit eine Einheit, der sich dann noch Rembrandt und Beethoven grüßend nahen. Man könnte auch noch Shakespeare nennen: aber der ist ein solches Wunder, daß er stets außerhalb steht, der Dunkelste und Einsamste unter allen modernen Geistesgrößen.

Was aber Dürer mit Goethe und Lionardo vor allem verbindet, das ist seine Universalität. Es ist der vornehmlichste Ehrgeiz dieses Büchleins, Dürers Universalität den Leser, wenn auch von fernher, spüren zu lassen. Mag man sich noch so sehr bemühen, das Einzelne hervorzuheben, die Leiderfahrung und die innige Freude, die völkische Gesundheit und die stille

Weisheit des Denkers, jedes einzelne erscheint schließlich als zu wenig und wird durch ein anderes einzelne eingeschränkt und ergänzt. Denn dieser Künstler hatte eben Alles! Nichts Menschliches und auch nichts Göttliches, und sicherlich nichts Natürliches war ihm fremd. Es war ein Trieb in ihm, ein unersättlicher, sich jeder Erscheinung, in ihm und um ihn, schöpferisch zu bemächtigen: wie wir einer ähnlich universellen Triebkraft eben nur wieder bei Lionardo und Goethe begegnen. Und wenn er vielleicht das Maß dieser beiden nicht ganz erreicht, so hat er dafür etwas vor ihnen voraus, das wir um so höher zu schätzen wissen: die erstaunlich reiche Produktivität. Goethes und Lionardos künstlerisches „Werk" ist klein; das Geschaffene wird von den Schöpfern weit überragt. Bei Dürer aber stehen Werk und Persönlichkeit im schönsten Gleichgewicht zu einander, und mit seligem Genügen schweift unser Blick unentwegt vom Einen zur Anderen hinüber und ahnt die höhere Einheit — die wir nicht begreifen.

HAUPTWERKE DÜRERS

1493 SELBSTBILDNIS MIT DER DISTEL. Leipzig, Sammlung Felix.
1490 und 1497. DER VATER DES KÜNSTLERS. a) Florenz, Uffizien, b) Varianten in Syon House, München und Frankfurt.
1497 DRESDNER ALTAR; TRIPTYCHON. Dresden, Galerie.
1498 SELBSTBILDNIS. Madrid, Prado.
1499 BILDNIS DES OSWOLT KREL. München, Pinakothek.
1500 BEWEINUNG CHRISTI. München, Pinakothek.
c. 1500 PAUMGÄRTNER'SCHER ALTAR; TRIPTYCHON. München, Pinakothek.
1504 ANBETUNG DER HEILIGEN DREI KÖNIGE. Florenz, Tribuna.
1506 DAS ROSENKRANZFEST. Prag, Stift Strahow.
1506 CRUCIFIX. Dresden, Galerie.
1506 THRONENDE MADONNA. Berlin, Galerie.
1507 ADAM UND EVA. Madrid, Prado.
1508 SELBSTBILDNIS*). München, Pinakothek.
1508 MADONNA MIT DER SCHWERTLILIE. Doughty House, Richmond.
1509 HELLER'SCHER ALTAR DER HIMMELFAHRT MARIÄ. Hauptbild zerstört; Seitentafeln in Frankfurt a. M.
1511 ALLERHEILIGENBILD. Wien, Hofmuseum.

*) Die auf diesem Bilde heute lesbare Jahreszahl lautet 1500. Es sprechen aber wichtige Gründe für die oben angegebene Datierung.

HAUPTWERKE DÜRERS

1512 MADONNA MIT DER ANGESCHNITTENEN BIRNE. Wien, Hofmuseum.
1516 BILDNIS DES MICHAEL WOLGEMUT, München, Pinakothek.
1516 MADONNA MIT DER NELKE. Augsburg. Galerie.
1518 MADONNA MIT DEM NACKTEN KIND. Berlin, Museum.
1519 KAISER MAXIMILIAN. Wien, Hofmuseum.
1521 sg. HANS IMHOF. Madrid, Prado.
1526 DIE APOSTEL (TEMPERAMENTE). München, Pinakothek.
1526 HANS MUFFEL. Berlin, Museum.
1526 HIERONYMUS HOLZSCHUHER. Berlin, Museum.

DIE APOKALYPSE. Holzschnittfolge. Beendet 1497.
MARIENLEBEN. Holzschnittfolge. Etwa 1504—1510.
DIE GROSSE PASSION. Holzschnittfolge, Etwa 1498 bis 1510.
DIE KLEINE PASSION. Holzschnittfolge. Etwa 1507—1510.
DIE GRÜNE PASSION. Zwölf Handzeichnungen in der Wiener Albertina, 1504.
DIE KUPFERSTICH-PASSION. Etwa 1508—1513.

REPRODUKTIONEN:

ALBRECHT DÜRERS SÄMTLICHE KUPFERSTICHE, mit Vorwort von F. Leitschuh. Nürnberg, Verlag von Sigmund Soldan.

HAUPTWERKE DÜRERS

ALBRECHT DÜRERS AUSGEWÄHLTE HOLZSCHNITTE, mit Vorwort von Carl v. Lützow. Nürnberg, Sigmund Soldan.

DIE GEMÄLDE VON DÜRER UND WOLGEMUT IN REPRODUKTIONEN NACH DEN ORIGINALEN. Nürnberg, Sigmund Soldan.

ZEICHNUNGEN VON ALBRECHT DÜRER in Nachbildungen herausgegeben von Friedrich Lippmann. Fünf Bände. Berlin, Grote.

PUBLIKATIONEN DER DÜRER-SOCIETY, LONDON. Seit 1898. Bis jetzt fünf Bände mit ausgezeichneten Reproduktionen nach Werken aller Gattungen.

DÜRERS SCHRIFTEN:

DÜRERS BRIEFE, TAGEBÜCHER UND REIME, übersetzt und herausgegeben von Moriz Thausing. Wien, Braumüller, 1872.

DÜRERS SCHRIFTLICHER NACHLASS. Im Urtext herausgegeben von K. Lange und F. Fuhse. Halle, Niemeyer 1893.

ALBERT DÜRERS SCHRIFTLICHES VERMÄCHTNIS, ausgewählt und eingeleitet von Max Osborn. Berlin, Leonhard Simion Nchf., 1905.

BIOGRAPHIEN von Thausing (wissenschaftliches Hauptwerk), Springer (anziehendste Darstellung), Leopold Kaufmann (katholischer Standpunkt), M. Zucker (protestantischer Standpunkt).

VERSUCH EINER DÜRER-BIBLIOGRAPHIE von H. W. Singer. Straßburg, E. Heitz, 1903.

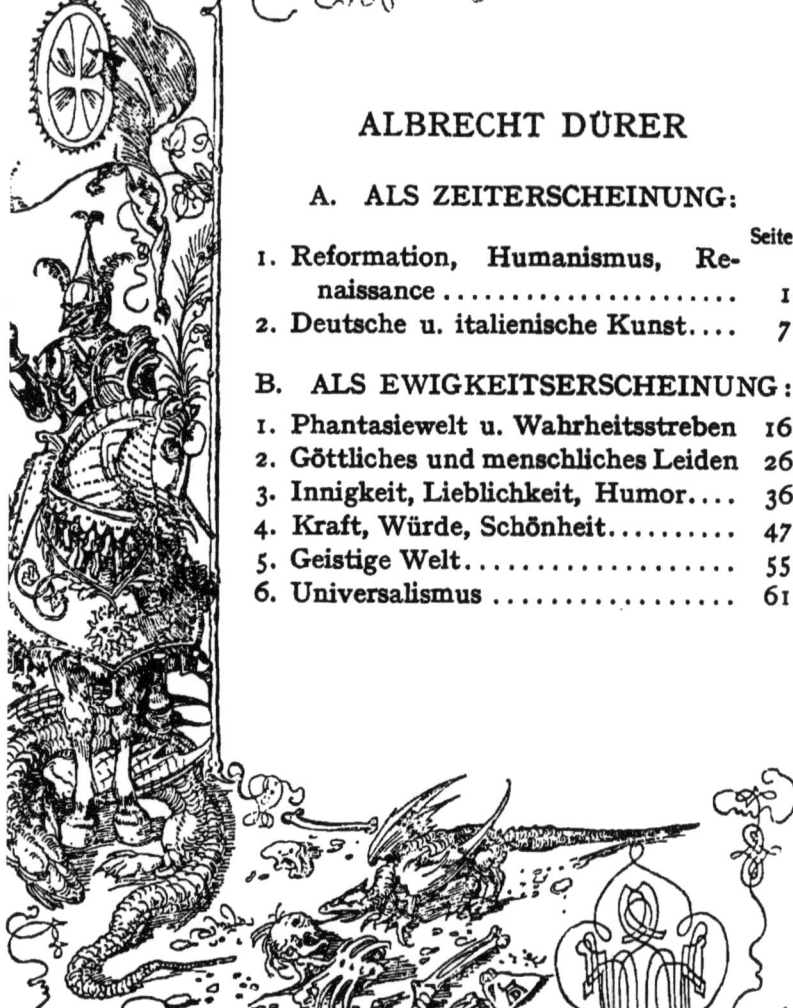

ALBRECHT DÜRER

A. ALS ZEITERSCHEINUNG:

	Seite
1. Reformation, Humanismus, Renaissance	1
2. Deutsche u. italienische Kunst....	7

B. ALS EWIGKEITSERSCHEINUNG:

1. Phantasiewelt u. Wahrheitsstreben	16
2. Göttliches und menschliches Leiden	26
3. Innigkeit, Lieblichkeit, Humor....	36
4. Kraft, Würde, Schönheit..........	47
5. Geistige Welt...................	55
6. Universalismus	61

DÜRER-CHRISTUS

VERONEIKON
Handzeichnung in der Albertina zu Wien.

FRANZ SERVALS' SCHRIFTEN

KRITISCHES UND BIOGRAPHISCHES

DIE POETIK GOTTSCHEDS UND DER SCHWEIZER 1887.
BERLINER KUNSTFRÜHLING, 1893.
GOETHE AM AUSGANG DES JAHRHUNDERTS, 1897.
PRÄLUDIEN, Ein Essaybuch, 1899.
GIOVANNI SEGANTINI, Sein Leben und sein Werk. Mit 63 Kunstbeilagen. 1901.
MAX KLINGER, 1902.
THEODOR FONTANE, 1904.
In Vorbereitung: SHAKESPEARE.
DER WILLE ZUM STIL.

BELLETRISTISCHES

GÄHRUNGEN. Aus dem Leben unserer Zeit. 1898.
(Neue Ausgabe in Vorbereitung.)
DIE KARRABORRIER. Eine Anti-Utopie. 1903.

DRAMATISCHES

STICKLUFT. Eine moderne Tragödie. 1896.
DER NEUE TAG. Drama in drei Akten. 1903.
In Vorbereitung: JUNGFER AMBROSIA. Ein fröhliches Spiel.